J. Rosa AFONSO
São Tomé et Princi
l'âge de huit ans.
Lisbonne (Portuga
découvrir la littératur
Autodidacte, elle aim.. .. uieatre, la peinture,
les animaux (chat, oiseau) et la Nature. Elle vit
actuellement à Nice (France), où elle a obtenu
son diplôme d'aide-soignante et travaille en
parallèle comme agent d'entretien. Rosa
consacre son temps libre à l'écriture et à sa
famille (à ses petits-enfants en particulier).
L'écriture est pour elle un moyen privilégié de
transmettre à ceux qui l'entourent et à ceux qui
la liront ses expériences, sa connaissance de
l'humain, ses souvenirs de voyages et les
enseignements que la vie lui a apportés.

Titre : Miguelinho
Auteur : J. Rosa AFONSO, © 2021 Rosa J. AFONSO
Couverture : Priscilla AFONSO
Révision : Marie-Line POUILLON - *Grammarye*
Illustration : Laura BOUCHEZ
Graphisme et mise en page : Arlindo STONI
Édition : Association NABÊGA, Rosa J. AFONSO 2021
ISBN : 9798776519604

MIGUELINHO

DU MÊME AUTEUR

Miguelinho (Port) : 12/2020
Hortência Horta : 02/2021
Pipa & Nina : 07/2021

J. ROSA AFONSO

MIGUELINHO

assonabega@gmail.com

A Miguel Afonso de Brito

DANS CE LIVRE

CHAPITRE I

Miguelinho et les bobons à la noix de coco

CHAPITRE II

Miguelinho et la parole d'honneur

CHAPITRE III

Miguelinho et le petit cheval blanc

MIGUELINHO ET LES BONBONS À LA NOIX DE COCO

I

Il était une fois un garçon nommé Miguel. Il avait onze ans, et était surtout connu sous le nom de Miguelinho. Il vivait à Praia Baixo, un village de pêcheurs situé sur l'île de Santiago, au Cap-Vert, plus précisément dans la paroisse de Notre-Dame de Lumière. À Praia Baixo, il y avait une ferme appelée Fazenda, qui regorgeait d'arbres fruitiers tels que : cocotiers, palmiers dattiers, manguiers, papayers et autres. Là, au pied des papayers, tombaient des fruits bien mûrs, étalés sur le sol. Lorsqu'ils étaient laissés là, les insectes et les animaux, parmi lesquels on trouvait des fourmis, des mouches, des lézards, des abeilles et des bourdons, se servaient librement, s'en délectaient et se les partageaient fraternellement. Un matin comme les autres, vers 5 heures, on entendit Mme Ilda appeler : Miguel ! Miguelinho... Lève-toi, c'est l'heure ! Miguelinho ouvrit les yeux, s'étira, se détendit et se leva de son lit. Il s'agissait d'un tapis *kankaran*, qu'il étalait sur le sol tous les soirs et roulait tous les matins.
— Ta bénédiction grand-mère ! dit le garçon en tendant la main.
— Que Dieu te bénisse ! répondit la grand-mère. Miguelinho, va te laver le visage et les dents, puis fais tes tâches journalières ! Le kuskus est prêt, le petit déjeuner est servi ! ajouta-t-elle en souriant, réjouissant ainsi le cœur de

Miguelinho.

Il sourit, et prit le verre d'eau des mains de sa grand-mère pour se laver le visage et les dents, les brossant avec ses doigts. C'était ainsi à l'époque.

-Prends ton petit-déjeuner ! dit la grand-mère en lui tendant une assiette de *kuskus* au lait. Le lait était frais. Nhu Branku, l'aîné des cousins de Miguelinho, venait de traire la vache. Du café que sa grand-mère lui avait annoncé, et dont il avait tant envie, il ne sentait que les effluves. Cette odeur qu'un peu de vent transportait de la cuisine jusque dans l'arrière-cour, où fumait déjà un pot à trois pattes, tout noir de *tirna*. On y préparait le déjeuner pour les gens qui sarclaient dans les champs.
— Grand-mère, et le café ? osa demander Miguelinho.
— Non ! s'exclama sa grand-mère. Tu es encore petit ! Le café est réservé aux grands.

Miguelinho s'assit par terre, écarta les jambes, plaça son assiette au milieu et se mit à manger, une cuillère après l'autre, pendant que sa grand-mère lui dictait les tâches de la journée.
— Oui grand-mère, oui ! répondit-il à plusieurs reprises.
— Mais avant de commencer, apporte le petit déjeuner à ta maman. Elle est déjà réveillée ! lui dit-elle.

Le garçon avala une dernière bouchée, se leva et posa son assiette. Il tendit les bras et sa grand-mère y plaça le plateau avec le petit déjeuner pour sa mère, Ninha.

— Maman ? Maman... je peux entrer ? demanda-t-il, derrière la porte.

— Oui, mon petit garçon, tu peux entrer ! répondit sa mère, d'une voix douce.

— Bonjour, ma maman ! dit Miguelinho en levant le rideau de la porte et en posant le plateau.

Il jeta un long regard à sa mère allongée sur le
lit, sourit et l'embrassa sur la joue.

— Ta bénédiction, Maman ! demanda-t-il en
tendant la main.

— Que Dieu te bénisse, mon cher garçon ! répondit sa mère en posant sa main sur son front.

— Tu as passé une bonne nuit, ma mère ?

— Bien meilleure, Miguelinho. Et toi ?

— Moi aussi maman. Moi aussi ! répondit-il en
s'asseyant sur le bord du lit.

— As-tu déjà cassé le jeûne ?

— Oui, maman ! Il souleva son tee-shirt, et
dévoila son ventre bien rond.

— J"ai bien mangé... Tu manges aussi ? demanda-t-il.

Ninha regarda l'assiette, puis son fils, et dit
sincèrement :

— Miguelinho, pour l'instant, je n'ai pas envie
de manger du *kuskus* au lait. Peut-être plus
tard.

— Alors, qu'est-ce qui te ferait plaisir, maman ?
demanda-t-il.

Comme sa mère hésitait à répondre, il ajouta :

— Dis-moi ce qui te ferait plaisir maman, et je
te l'apporterai tout de suite ! insista-t-il en sautant du lit.

15

— Peut-être des bonbons à la noix de coco... lui dit-elle en souriant.

— Entendu ! Des bonbons à la noix de coco, je vais t'en trouver. Je reviens bientôt ! annonça-t-il joyeusement.

On ne manquait pas de friandises à la maison. La mère et la grand-mère de Miguelinho faisaient des confitures et des bonbons chaque semaine, et à partir de n'importe quel fruit. Elles étaient très bonnes cuisinières et les préparaient mieux que quiconque.

C'étaient des championnes dans cette discipline, il en était sûr. Il courut vers l'arrière-cour, où il trouva sa grand-mère en train de rouler la pâte de maïs :

— Grand-mère ! Grand-mère ! appela le garçon.

— Oui, Miguelinho. Qu'est-ce qu'il y a ?

— Maman ne veut pas de *kuskus* au lait ! Mais elle aimerait des bonbons à la noix de coco.

— Des bonbons ? J'en ai à la papaye !

— Non, grand-mère, ce sont des bonbons à la noix de coco qu'elle veut ! précisa-t-il.

Ilda jeta la dernière boule de pâte dans la poêle, regarda son petit-fils d'un air pensif, et dit :

— des bonbons à la noix de coco, je n'en ai pas ! Je n'ai d'ailleurs pas vu de noix de coco ces jours-ci !

Il couvrit la marmite, redressa les morceaux de bois et souffla, attisant ainsi davantage le feu.

— Alors, grand-mère ? insista Miguelinho. Il attendait qu'elle trouve une solution.

— Je... Mon garçon, je ne peux rien faire... Si

seulement je pouvais trouver une noix de coco ou deux... Et elle se tut.

— Si j'en trouve, tu feras des bonbons ? demanda le garçon, qui avait une idée derrière la tête.

— Bien sûr ! Oui ! dit-elle en souriant.

Miguelinho quitta sa grand-mère et se dirigea pensivement vers la porte du salon. Il décida de mettre son idée en pratique, à savoir faire du porte-à-porte à la recherche de noix de coco.

II

Miguelinho était déterminé, même s'il savait que c'était quelque chose qu'il ne devait pas faire, car ce n'était pas l'éducation qu'on lui donnait. Maintes et maintes fois, il avait entendu dire : « Dieu ne nous laisse frapper à la porte de personne ! » Mais, pour sa petite maman, Miguelinho choisit d'ignorer cette phrase des grands.

Alors, il partit et se rendit d'abord chez tante Bia. Après avoir demandé et reçu sa bénédiction, il questionna :

— Tante Bia, avez-vous des noix de coco ? Si oui, puis-je en emprunter une, s'il vous plaît ? Je vous la rendrai plus tard ! supplia-t-il.

— Oh ! Des noix de coco... Je n'en ai plus ! Pas plus tard qu'hier, j'ai utilisé la dernière pour en extraire le lait et faire de la liqueur. Mais j'ai du *simbron*. Je peux t'en donner ! dit-elle joyeusement, lui en tendant une poignée.

— Non ! dit le garçon. Je n'ai pas besoin de *simbron*. C'est de la noix de coco que je recherche.

Il dit au revoir et partit, puis entra dans la maison voisine.

— Votre bénédiction, tante Gustinha ! demanda le garçon.

— Que Dieu fasse de toi un travailleur ! répondit sa tante.

Tout comme il l'avait fait chez tante Bia, il lui demanda si elle avait de la noix de coco.

De la noix de coco ? Coco, je n'en ai pas.

Mais j'ai de l'*azedinha* ! L'*azedinha* fait aussi d'excellents bonbons ! l'informa-t-elle.

— De l'*azedinha*, je n'en ai pas besoin ! Merci. Et il partit dans la maison voisine.

— Bonjour dans cette maison ! cria-t-il depuis la porte.

— Entre, entre Miguelinho ! l'invita tante Justa, arrivant de l'arrière-cour.

— Que Dieu fasse de toi un grand homme ! lui souhaita-t-elle.

Une fois de plus, et ce ne serait pas la dernière, le garçon mit sa main sur son front.

— Et maman, comment va-t-elle ? Est-ce qu'elle se sent mieux? Et grand-mère ? As-tu déjà pris le petit-déjeuner ? Laisse-moi voir ton ventre, s'il est vraiment plein !

Comme il l'avait fait avec sa mère, le garçon releva sa chemise. Sa tante lui palpa le ventre, et se rendit compte qu'il avait assez mangé.

— Tante, je viens voir si vous avez une noix de coco ou deux, parce que j'en ai besoin ! déclara le garçon.

— De la noix de coco, Miguelinho ? Non, je n'en ai pas... Mais prends cette papaye, elle est mûre ! répondit-elle.

— Non, ma tante, je n'ai pas besoin de papaye ! Merci.

Et il s'en alla, sous les yeux effarés de sa tante.

Mais, qu'arrive-t-il à ce garçon pour qu'il refuse une papaye bien mûre, et qui en plus, a l'air délicieuse ? se demanda-t-elle.

— Bonjour ! lança Miguelinho depuis la porte de la maison de Laurinda et Manuel.

— Bonjour mon garçon. Que Dieu fasse de toi un homme heureux ! le bénit Manuel. Viens et assieds-toi !

— Je suis juste venu voir si vous auriez une ou deux noix de coco à me prêter !

— Des noix de coco ? On n'en a pas... Mais je viens de rentrer de la mer. J'ai attrapé des mérous. Mamie peut les frire, les griller ou en faire un bouillon... avec du riz blanc ! lui dit Manuel.

— Merci beaucoup, mais je n'ai pas besoin de mérou ! Ce que je veux, c'est une noix de coco... répondit le garçon.

Puis il se tut et partit. Miguelinho pensa que personne ne l'écoutait, car il avait demandé de la noix de coco, et on lui avait offert d'autres choses... Et maintenant, un mérou ! Ce dernier ne lui pourrait même pas lui servir à faire des bonbons. Du moins, il n'avait jamais entendu dire qu'il était possible d'en confectionner à partir de mérou. Et si c'était le cas, ça ne devait pas être très bon !

Marchant de maison en maison et de cour en cour, Miguelinho oublia les tâches qu'il avait à accomplir. Le pire de tout, c'est qu'il serait fouetté s'il ne les faisait pas. Mais ce jour-là, le plus important pour lui était de trouver des noix de coco pour que sa grand-mère puisse faire des bonbons pour sa mère Ninha, alors au diable le reste !

Il parcourut toute la région de Praia Baixo, jusqu'à ce qu'il atteigne la ferme qui s'appelait Fazenda. Il s'arrêta sous un cocotier, levant les yeux fixement. Il regarda en l'air si longtemps que son cou lui fit mal. Ce cocotier était si haut ! Vu d'en bas, il semblait toucher le ciel.

Le garçon n'avait jamais grimpé à un arbre, pas même au plus petit de tous, et encore moins à un géant comme celui devant lequel il se trouvait. Mais il n'avait pas le choix, à part Manuel, aucun homme n'était au village. Ils étaient tous dans le champ de grand-mère Ilda, à désherber. C'est ce qu'ils appelaient le, *djunta-mo*. Alors Miguelinho décida de grimper au cocotier. Il commença à mettre un pied ici, l'autre là. Il aurait voulu encercler l'arbre de ses bras, mais le tronc était trop épais, et les branches sèches égratignaient ses bras maigres typiques d'un garçon de onze ans. Ses pieds nus lui faisaient mal quand il essayait de les appuyer sur le tronc pour grimper. Il abandonna, et descendit.

III

— Miguelinho... Miguelinho ! entendit-il. Il regarda à gauche, à droite, de haut en bas, mais ne vit pas le tronc juste devant lui.
— Oh mon Dieu ! Je suis là... Regarde-moi... Ici, en face de toi ! le somma la voix. Après avoir longuement fixé le tronc, le garçon finit par apercevoir une petite fourmi se déplaçant du mieux qu'elle pouvait, pour attirer son attention. Elle était noire, presque de la couleur du tronc.
— Alors, tu m'as vue ? demanda-t-elle.
— Oui, je te vois. Je t'entends aussi ! répondit le garçon, ravi. C'était la première fois qu'il parlait à un animal, et c'était une fourmi.
— Alors, Miguelinho, pourquoi veux-tu grimper en haut d'un cocotier ? demanda-t-elle, curieu-se. L'enfant lui raconta son histoire, et elle lui dit :
— Oh, mon cher garçon ! Je suis vrai-ment désolée de ne pas pouvoir t'aider. Cet arbre est si haut et mes pattes sont si courtes que ,même en cent ans, je n'en atteindrai pas le sommet. Il faut demander de l'aide à quelqu'un qui a l'habitude de grimper là-haut. En parlant de ça, regarde ! Voici un lézard. Demande-lui conseil ! Et une brise de mer l'emporta dans les airs.
— Au revoir Miguelito, au revoir ! cria-t-elle.
— Au revoir, mademoiselle fourmi ! répondit le garçon.
— Miguelinho, que fais-tu ici ? demanda le lézard.

Le garçon lui raconta son histoire, mais l'animal s'excusa, car il ne pouvait rien faire pour lui. Même s'il l'avait voulu, l'arbre était si grand qu'il lui aurait peut-être fallu cinquante ans pour y grimper.

— Demande à la mouche qui arrive, lui conseilla le lézard. Audacieuse comme elle est, elle pourra certainement t'aider ! ajouta-t-il.

— Miguelinho, Miguelinho, que fais-tu ici ? demanda la mouche alors qu'elle atterrissait sur le tronc. Quel regard triste, mon garçon !

— C'est juste que... j'ai besoin d'une noix de coco ou deux pour faire des bonbons pour ma mère. Le garçon n'eut même pas le temps de finir sa phrase qu'elle le coupa :

— Une noix de coco ou deux ? Si ce n'est que ça, je pense pouvoir t'aider ! Elle vola et vola, jusqu'à disparaître de la vue du garçon. Plus elle se rapprochait de la cime de l'arbre, plus elle paraissait petite. Le garçon attendait, en levant toujours les yeux pour voir s'il pleuvrait quelques noix de coco. Mais rien ne se passa.

— Miguelinho, mon garçon, je n'ai pas réussi à te ramener de noix de coco, elles sont si grosses ! Je suis désolée, mais je ne peux pas t'aider ! dit la mouche avant de partir.

Alors l'enfant entendit un bruit venant de loin, et sentit quelque chose voler autour de lui.

— Bzzz bzzz ! Que fais-tu ici Miguel, Miguelinho ? demanda l'abeille.

Il lui expliqua ce qui le tracassait.

— Je vais voir si je peux t'aider, mais cela m'étonnerait ! avoua l'abeille, sincère.

Elle revint aussitôt, l'air triste.

— Je suis désolée, Miguelinho. Je n'ai pas pu décrocher de noix de coco. Mais je souhaite bonne chance à ta mère ! lança-t-elle en s'éloignant.

— Bzzz bzzz ! Miguelinho entendit le bourdon se rapprocher de lui. L'insecte n'était pas discret, au contraire. Très vaniteux et prétentieux, il croyait tout savoir.

— Oh... Miguel... Miguelinho. Regarde, je suis beau et je sais voler mieux que couic ...

Il ne put terminer sa phrase, car, distrait, il heurta un arbre et se retrouva au sol.

Étonné et craignant pour la vie du bourdon, Miguelinho l'attrapa en le faisant glisser sur une feuille de manguier, pour ne pas se faire piquer.

— Aïe, aïe, aïe... gémit l'insecte, un peu sonné.

Il étendit une aile, l'autre, puis son dard, ainsi que ses pattes avant et arrière. Voyant qu'il n'avait rien de cassé, il se tourna vers le garçon et dit :

— Tu as vu, Miguelinho ? Je sais même tomber !

— J'ai vu, monsieur bourdon. Par ici, on dit que vous savez tout ! répondit le garçon.

— Pas tout... réagit-il en faisant preuve de fausse modestie. D'ailleurs, je ne sais pas ce que tu fais là, au pied de cet arbre...

— Je suis là parce que j'ai besoin d'une noix de coco ou deux !

Miguelinho lui raconta son histoire, et le bourdon, convaincu, déclara :

— Une noix de coco ou deux ? C'est parti !

Puis il prit son envol en direction du haut de l'arbre. Aussi vaniteux qu'était ce monsieur Je-Sais-Tout, il ne fut même pas capable de faire tomber une noix de coco ... encore moins deux. Et c'est de là-haut que l'incompétent déclara forfait.

Miguelinho put l'entendre parce qu'il était bruyant et avait une voix grave. Triste, le garçon essaya une nouvelle fois de grimper à l'arbre. Il persévéra encore et encore. Un pied ici, l'autre là... Il serra fort le tronc, mais échoua. Le garçon n'abandonna pas, et regarda s'il n'y avait pas un adulte autour de lui, mais il ne vit personne.

Soudain, lorsqu'il tourna la tête, il s'aperçut qu'un moineau venait de se poser face à lui.

IV

— Oh ! Miguelinho, mon ami, que fais-tu là ? demanda le moineau. Tu as l'air énervé.
— J'ai juste besoin d'une noix de coco ou deux... répondit-il. Et il lui raconta son histoire. Le petit oiseau savait qu'il ne pouvait rien faire, mais il lui dit quand même qu'il essaierait. Et c'est ce qu'il fit, seulement...
— Miguelinho, mon garçon, je n'ai pas réussi à faire tomber de noix de coco. Mais dans le palmier dattier d'à côté, j'ai goûté de belles dattes. Tiens, en voilà un peu. La datte sucrée est tout aussi bonne ! dit-il en déposant un petit morceau du fruit dans la paume de la main de l'enfant.

Le moineau lui dit au revoir et partit, laissant le garçon abasourdi, ne sachant que faire du cadeau qu'il lui avait offert. Douce datte... Il savait que c'était délicieux, mais...

Puis il vit arriver une *pasarinha* toute belle et colorée, avec son long bec rouge.
— Bonjour, mon garçon ! Que fais-tu ici, Miguelinho ? le salua-t-elle.
— Bonjour, Mme *Pasarinha* ! répondit-il.

Miguelinho raconta son histoire à l'oiseau et le vit voler jusqu'au sommet de l'arbre, puis revenir.

À son tour, il tenait une datte entière dans son bec.
— Prends, Miguelinho ! Une datte pour tes bonbons, parce que je n'ai pas pu décrocher la noix de coco.

Le garçon remercia l'oiseau, triste et penaud. Il savait pertinemment qu'il ne pourrait pas grimper au cocotier, mais il n'avait toujours pas renoncé à rapporter des noix de coco. Il savait aussi que les amis qu'il avait rencontrés voulaient vraiment l'aider, mais ne le pouvaient pas. Il prit sa fronde et ramassa des pierres. En les lançant les unes après les autres, il essaya de frapper les noix de coco. Plusieurs fois, il dut esquiver les pierres qu'il envoyait car elles retombaient sur lui.

V

Mais alors qu'il persévérait dans ses tentatives, il entendit soudain :

— Croa... croa... croa... croa... Qui m'a lancé cette pierre ?

C'était un corbeau, qui se posa au sommet de l'arbre. Il battit des ailes plusieurs fois, puis les ferma.

— Es-tu Miguelinho ? Tu n'en as pas assez de me jeter tant de pierres ? Quand c'est pas sur le champ avec ta fronde, c'est dans les arbres avec ton lance-pierre ? Moi qui ne t'ai jamais fait de mal !

— Monsieur corbeau, je tire sur les animaux qui volent les récoltes dans les champs, nous privant ainsi de notre pain quotidien ! rétorqua le garçon.

— Sur les animaux, dis-tu ? C'est seulement à moi que tu jettes des pierres. La pintade récure le sol toute la journée, et tu ne lui fais rien ! marmonna le corbeau.

— Là, vous vous trompez, Monsieur corbeau. À moi aussi, on me lance des pierres, tantôt à la fronde, tantôt au lance-pierre. S'ils m'attrapent, je finis dans la marmite ! s'ex-clama la pintade qui passait par là, et qui partit précipitamment avant qu'il ne soit trop tard, sans prendre le temps d'entendre le garçon s'excuser.

— Monsieur corbeau, puisque vous êtes au sommet du cocotier, pourriez-vous m'envoyer une noix de coco ou deux ? J'en ai besoin pour faire des bonbons pour ma mère, qui est malade, expliqua le garçon.

— Quoi ? Que je... que je t'envoie une noix de coco ou deux pour ta maman ? geignit le corbeau, plein de rancœur.

Il n'avait pas oublié toutes les pierres qu'il avait reçues ... et en particulier l'une d'elles, qui lui avait cassé l'aile. À ce moment-là, le garçon faisait l'innocent. Mais ils savaient tous les deux qu'à la campagne, Miguelinho était le meilleur effaroucheur de corbeaux, de pintades et de singes.

— Monsieur corbeau, je vous présente mes excuses. Je ne vous jetterai plus jamais de pierres.

— Sérieusement ? Es-tu malade, mon garçon ? As-tu de la fièvre ? demanda le corbeau, stupéfait. S'excuser ne faisait pas partie de la façon d'être de l'enfant.

— Sérieusement ! répondit-il.

— Me donnes-tu ta parole ? Non, tu ne dois pas encore avoir de parole, parce que tu n'es qu'un enfant... C'est un truc d'adulte...

— Monsieur corbeau, je ne suis qu'un enfant, mais bien sûr que j'ai une parole ! répondit Miguelinho.

— Quelle parole as-tu ?

— Celle de l'honneur ! dit le garçon.

— De l'honneur ? répéta le corbeau.

— Je vous donne ma parole d'honneur que je ne vous jetterai plus jamais de pierre, ni avec ma fronde ni avec mon lance-pierre !

— Me donnes-tu vraiment ta parole ? demanda

encore le corbeau.

— Parole de Miguelinho... si vous m'envoyez une noix de coco, ou deux ! sourit le garçon. Avez-vous remarqué que Miguelinho ne lui avait pas donné sa parole d'honneur ? « Parole de Miguelinho » avait-il dit. Monsieur corbeau avait finalement accepté la « parole de Miguelinho », et s'était préparé à récolter les noix de coco.

— C'est vrai, c'est vrai ! Mais il ne réussit à en faire tomber aucune : ni une, ni deux...

Il essaya et essaya encore, déployant toutes les forces de son bec. Mais il n'y parvint pas. Maintenant qu'il avait la parole du garçon qu'ils seraient amis, voilà qu'il ne pouvait rien faire pour lui.

En guise de compensation, et parce qu'il était sûr que la datte sucrée serait aussi bonne que la noix de coco, il s'envola vers le dattier d'à côté, coupa une baie, puis redescendit et la plaça dans la paume du garçon.

— Prends, Miguelinho ! Du cocotier, je n'ai rien pu tirer. Mais la datte sucrée est tout aussi bonne.

— Merci, Monsieur corbeau ! dit tristement le garçon.

Les heures passaient et Ninha avait toujours très envie de bonbons à la noix de coco.

Les anciens et les plus jeunes étaient tous allés au désherbage et ne reviendraient qu'en fin de journée. Laissé seul par le corbeau, le garçon s'assit sous le cocotier, et fatigué, il se laissa envahir par le sommeil. Il dormait comme une marmotte, quand il reçut un coup sur la tête. Il se réveilla en sursaut, debout comme un soldat au garde à vous.

VI

— Qui m'a jeté une pierre ? demanda-t-il en regardant d'avant en arrière, sans penser à lever les yeux.

— Ha ! Ha ! Ha ! rit alors le singe. Il recourba sa longue queue, s'assit sur elle et commença à se moquer du garçon.

Miguelinho regarda en l'air et l'aperçut.

— M'avez-vous jeté une pierre, Monsieur le singe ?

— Évidemment ! répondit le mammifère avec conviction. Pour une fois, il avait pu lui rendre la pareille. En colère, le garçon saisit sa fronde et s'apprêta à tirer, quand il entendit s'écrier en chœur :

— Non ! Non, Miguelinho!

Tous les amis auxquels il avait demandé de l'aide étaient réunis autour de lui. Sensibles à son problème, ils avaient fait appel à Monsieur le singe, le seul qui pourrait vraiment lui donner un coup de main.

— Nous avons dû formuler mille excuses en ton nom pour convaincre le singe. Il est d'accord pour t'aider, si tu acceptes de lui demander pardon personnellement et de te racheter auprès de lui. N'est-ce pas, Monsieur le singe ? dirent ensemble la fourmi, le lézard, la mouche, l'abeille, le bourdon, mais aussi le moineau, la *pasarinha* et le corbeau.

Aucun d'entre eux ne voulait laisser le garçon seul sous ce cocotier, sans qu'il puisse cueillir les fruits dont il avait tant besoin.

— Ouais, ouais... c'est vrai, dit le singe, béat. Il était tout heureux.

Il savait que celui qui avait le couteau et le fromage dans les mains, c'était lui et personne d'autre. Et sûrement pas Miguelinho.

Le garçon scruta les autres animaux, puis le singe perché sur sa branche, assis comme un roi sur son trône, attendant des excuses. « Un jour, tu auras besoin de moi ! » disait-il à Miguelinho, à chaque fois qu'il recevait une pierre de sa part.

— Alors ! Est-ce aujourd'hui que tu vas me demander pardon, ou vas-tu remettre ça ? demanda le singe vaniteux.

Miguelinho, fier comme il l'était déjà du haut de ses onze ans, éprouvait des difficultés à présenter ses excuses. En prime, il devrait promettre à monsieur singe qu'il ne lui lancerait plus jamais de pierres dans les champs.

Et il ne pouvait pas faire davantage de fausses promesses. Il en avait déjà fait une à monsieur corbeau. T'en souviens-tu ?

— Alors, Miguelinho ? J'attends. Sans excuses, je ne peux rien faire pour toi ! dit le singe.

— Allez, Miguelinho ! Fais-le ! Promets-lui que tu ne lui lanceras plus jamais de pierres, ni avec ta fronde ni avec ton lance-pierre ! demandèrent ses amis, toujours à l'unisson. On aurait dit qu'ils s'entraînaient pour un concert.

Le garçon observa ses amis, puis les deux dattes entières, et le petit morceau d'une autre dans sa paume. Il leva les yeux et découvrit deux noix de coco dans les mains du singe. Les plus belles qu'il ait jamais vues !

— Tu es d'accord ou non ? interrogea le singe.

Alors, Miguelinho pensa à sa mère : son visage éclairé par ce grand sourire, son rire cristallin tel celui d'un enfant, la beauté de sa voix lorsqu'elle chantait. Il songeait aussi à combien il aimait l'observer quand elle rangeait la maison, quand elle allait chercher de l'eau à la fontaine et revenait pieds nus, un pagne noué autour de sa taille, un foulard blanc sur ses cheveux, ses deux nattes qui pendaient sur les épaules, et le bidon d'eau sur sa tête. Elle était belle. Magnifique, même ! C'est pour elle que Miguelinho ravala sa fierté et dit :

— D'accord, Monsieur le singe ! Mille excuses ! Je te promets que, dans la mesure du possible, je ne te jetterai plus jamais de pierres, ni avec ma fronde ni avec mon lance-pierre !

— Mille excuses, Miguelinho ? Écoute, je n'en avais pas besoin d'autant... Ni de cent ni de cinquante... même pas de dix. En fait, une seule suffisait, répondit le singe. Je suis assez content, mais il faut que tu me donnes ta parole ! s'empressa-t-il d'ajouter, pensant finalement que de simples excuses ne suffiraient pas. La douleur qu'il avait ressentie à chaque pierre reçue était encore bien fraîche dans sa mémoire. Il savait mieux que quiconque que le garçon maniait la fronde comme un pro, il avait donc besoin d'être rassuré.

— Ma parole ? Bien sûr que je te la donne !répondit le garçon en souriant.

— Tu me donnes ta parole d'honneur ?

questionna le singe, surpris.

— Parole de Miguelinho ! répondit-il joyeusement.

Monsieur le singe, qui était méfiant, sentit quelque chose qu'il n'aimait pas beaucoup dans la voix du garçon, mais il accepta.

— Hé ! Vous les gars, là-bas ! Reculez... Attention, c'est là que vont tomber les noix de coco ! Si seulement tu avais entendu le bruit ces pauvres noix de coco ont fait en touchant le sol !

— Oh, merci beaucoup ! dit le garçon tout en ramassant les fruits. Merci beaucoup, Monsieur le singe !

— Merci beaucoup, Monsieur le singe ! Merci beaucoup ! dirent tous les autres en chœur.

Ne t'avais-je pas dit qu'ils répétaient pour un concert ? Je ne peux pas le confirmer, mais il me semble que oui. C'est tout ce que je peux dire.

VII

Miguelinho rentra chez lui. En le voyant arriver avec les noix de coco dans ses bras, la grand-mère sourit de toutes ses dents et cria joyeusement :

— Tu as apporté les noix de coco ! Je vais faire des bonbons tout de suite !

Elle s'approcha de lui les bras ouverts, comme pour le serrer dans ses bras. C'était bon ! La grand-mère se détacha de son étreinte, prit les noix de coco et s'en alla précipitamment, comme s'il n'y avait pas de lendemain, ou comme si elle avait un feu à éteindre. Même si, pour le coup, il fallait le laisser allumé pour confectionner les bonbons à la noix de coco.

Quelle joie dans la maison de grand-mère Ilda ! Je pourrais finir cette histoire ici, mais je ne vous ai pas encore tout raconté. La grand-mère de Miguelinho prépara de délicieux bonbons, qui dégageaient leur arôme jusque dans la chambre de Ninha.

Cette dernière ne put résister et sortit de son lit pour rejoindre la cour. Elle s'assit près d'eux, avec un large sourire. C'était le plus beau sourire du monde, celui de sa maman. Miguelinho la regarda et le lui rendit.

Lorsque Ninha goûta les bonbons, elle se sentit beaucoup mieux, heureuse et fière d'être la mère du garçon le plus gentil et le plus altruiste qu'elle ait jamais vu.

Je ne vous ai pas non plus raconté que Miguelinho, voyant sa mère heureuse et de bonne humeur, eut envie de faire la fête ! Il décida donc de retourner chez tante Bia pour voir si elle pourrait encore lui donner ce qu'elle lui avait gentiment offert ce matin-là.

— Bonjour ! dit Miguelinho depuis la porte.

— Seigneur ! répondit sa tante, entre, Miguelinho. Assieds-toi, mon garçon !

— Non merci, ma tante. Je viens juste vous demander les *simbrons* que vous m'aviez proposés ce matin ! dit l'enfant.

— Les simbrons ? Oh, mon chéri... Je ne les ai plus ! Mais j'ai le fruit du baobab. Je vais t'en donner une tasse ! dit sa tante, heureuse de lui rendre service.

Miguelinho ouvrit de grands yeux et regarda sa tante qui, tout sourire, lui tendit une tasse bien remplie. Ce n'était franchement pas son jour de chance ! Il demandait une chose, et on lui en donnait une autre. Mais il accepta, en souriant. Il la remercia, puis partit.

Chez tante Gustinha, il entendit la même chose :

— Je n'ai plus d'azedinha, Miguelinho, mais j'ai des dattes. Je vais t'en chercher une tasse. Penses-tu que ce sera suffisant ?

Sans laisser le temps au garçon de répondre, elle partit remplir une tasse de dattes. Toujours souriant, le garçon accepta, la remercia, et prit la direction de la maison de tante Justa.

— Miguelinho, mon garçon ! s'exclama-t-elle tout embarrassée, ne sachant plus où se mettre. Nous avons déjà mangé la papaye, qui était délicieuse. Mais, j'ai des mangues ! ajouta-t-elle gaiement, avant de revenir quelques secondes plus tard, deux fruits à la main.

— En voilà deux : une *bidjogó* et une *manginhu*.

Le garçon accepta, la remercia, et se rendit chez Manuel et Laurinda. Il trouva Manuel occupé à préparer le filet pour la prochaine pêche. Miguelinho était content, car il savait que le lendemain, il pourrait l'aider à tirer le filet et rapporter du poisson, que grand-mère ferait frire pour le déjeuner ou pour le dîner.

— Miguelinho, quel dommage mon garçon ! dit Manuel gêné, lui aussi. J'ai déjà vendu les mérous, mais j'ai quelques gouttes de grog au fond de ma bouteille... Je peux t'en donner !

— Mais je n'ai pas besoin de grog. Je ne peux même pas le boire, je suis trop petit ! répondit tristement le garçon.

— Ah, mais j'ai aussi une petite bouteille de miel qui vient de l'entrepôt de M. Carlos Veiga, et qui a été fabriqué par Zé-di-Vinda. Viens-là, je te l'offre !

— Oui, je veux bien du miel ! dit le garçon. Il se gratta la tête, regarda Manuel, puis Laurinda, et ajouta :

— J'aimerais prendre aussi le grog, finalement !

— Mais, mon garçon... Tout à l'heure, tu disais que tu n'en voulais pas, que tu ne pouvais même pas le boire ! marmonna Manuel.

_ Quoi ? Du grog, Miguelinho ? Veux-tu être un ivrogne comme ton père et ton grand-père ? demanda Laurinda, un pied devant, l'autre derrière, mains sur les hanches, comme si elle était prête à déclencher une guerre. Et toi, Manuel, est-ce là l'exemple que tu donnes aux enfants des autres ?

— De toute façon, en tant que fils et petit-fils de ces deux-là, il en a forcément déjà quelques gouttes dans le sang. N'est-ce pas, Miguelinho ? demanda Manuel en souriant.

— Héhé ! lâcha le garçon en attrapant les deux petites bouteilles et en s'enfuyant comme une flèche avant que Laurinda ne puisse l'attraper. Merci, Manuel ! Merci, Laurinda ! cria-t-il, parce qu'après tout, il était bien éduqué.

Il continua à vagabonder de porte en porte à travers le village, et accepta tout ce qu'on voulait bien partager avec lui. Grand-mère Ilda avait préparé une fête à laquelle tous les habitants du village personnes âgées, adultes et enfants étaient les bienvenus ; mais les invités d'honneur étaient les animaux, « les meilleurs amis du monde ». La fourmi, la mouche, l'abeille et le bourdon, ainsi que le moineau, la *pasarinha*, le corbeau et le singe, prirent place sur le toit. Le lézard s'accrocha au tronc de l'aubépine, d'où il pouvait voir tout ce qui se passait. À ce moment de l'après-midi, tous les invités de Miguel étaient déjà arrivés, à l'exception de la pintade et du cochon. Miguelinho les attendait dans l'arrière-cour, où avaient lieu les festivités.

Mais ils l'avaient déjà prévenu :

— Miguelinho, je ne viendrai pas à ta fête. Si je m'y présentais, je suis absolument sure que je serais la première à finir dans la marmite !

avait dit la pintade.

— Je ne serai pas là non plus, Miguelinho. Tu sais très bien que quand il est question de fête, je suis le premier à être rôti. Je ne viendrai pas ! avait déclaré le cochon.

— Non, non, nous ne viendrons pas ! s'étaient alors exclamé les deux animaux, en chœur.

Triste mais compréhensif, le garçon avait finalement accepté leurs excuses. La fête suivait son cours dans l'arrière-cour de sa grand-mère. Ils mangèrent, burent. Le grand-père de Miguelinho mit son harmonica contre sa poitrine et le père du garçon joua du fer. Tout le monde dansa le *Funaná*.

Les *batucadeiras* de Praia Baixo chantèrent le *Batuku* et les filles dansèrent le *tornu*. Du côté de l'abeille, de la mouche et du bourdon, on entendait : Dégage, mouche effrontée ! Oh... Une abeille ! Puisse-t-elle nous porter chance ! dit le bourdon prétentieux.

— Oui bourdon, nous savons que tu es un bon danseur, et que tu sais tout sur tout. Le bourdon était un peu étourdi parce qu'il avait goûté le punch de la grand-mère de Miguelinho. Il l'aimait et en avait abusé. Sans la moindre gêne, il se mit à voler et à virevolter, s'imaginant qu'il dansait et chantait même d'une voix de baryton.

On entendit également :

— Un singe et un corbeau !? Que font ces nuisibles malveillants sur le bord de mon toit ? gronda le père de Miguelinho.

Ce dernier, gêné, déclara :

— Papa, grand-père ! La fourmi, la mouche, l'abeille et le bourdon, sont mes invités ! Le lézard, le moineau, la *pasarinha*, le corbeau et le singe aussi. Ce sont mes amis. Les meilleurs au monde !

— Ah... Ce sont tes invités ? Tes amis, dis-tu ? demanda le papa du garçon.

— Oui ! répondit Miguelinho. Quand j'ai eu besoin d'aide, ils m'ont soutenu.

Étonnés, adultes et enfants dirent d'une même voix :

— Soyez les bienvenus !

Et la fête continua, de l'après-midi jusqu'au lever du soleil. C'est ainsi que se termine l'histoire de Miguelinho et ses amis, celle des fameux bonbons à la noix de coco.

« *Sapatinha riba, sapatinha baxo, ken ki sabi más, konta midjor.* »

CHAPITRE II

MIGUELINHO ET LA PAROLE D'HONNEUR

I

Te souviens-tu de la « parole d'honneur » que Miguelinho a donné à ses amis, ceux qu'il considérait comme les « meilleurs au monde » ? Eh bien... Les jours, les semaines et les mois passèrent. L'année se termina. L'heure des semailles revint, et Miguel, Miguelinho fut de nouveau nommé « protecteur des champs ». Un matin, c'est sa mère Ninha qui le réveilla.

— Miguel ! Miguelinho... Réveille-toi mon garçon ! murmura sa mère, de cette douce voix que Dieu lui a donnée.

Le garçon ouvrit les yeux et rencontra ceux de sa mère, selon lui les plus beaux qui existaient. Il sourit, et sa mère aussi.

— Lève-toi, mon bébé ! dit-elle. Le petit-déjeuner est prêt. Ne tarde pas trop. On peut voir d'ici que les corbeaux envahissent les champs. Ils doivent déjà avoir mangé presque toutes les graines. Miguelinho s'étira et sauta du lit.

— Bonjour grand-mère, puis-je avoir ta bénédiction ? demanda-t-il en passant devant sa grand-mère, assise dans le couloir.

— Que Dieu te bénisse et te protège par mes mains. Tu te lèves seulement maintenant ? Ces oiseaux de malheur doivent déjà avoir mangé toutes les graines, et toi, tu dors ? dit la grand-mère, sur un ton plein de colère.

— Au revoir maman, au revoir grand-mère ! Lança Miguelinho en s'enfuyant.

Je ne peux pas vous dire s'il eut le temps ou non de se laver et de prendre son petit déjeuner. Il bondit avec sa fronde et son lance pierre dans une main, et une miche de pain dans l'autre, son pantalon tombant tandis qu'il courait.

II

Maman Ninha et grand-mère Ilda avaient raison. Miguelinho trouva des dizaines de corbeaux dans les champs, mais aussi des pintades, des cochons et des singes. Des familles entières se délectant des délicieuses graines semées une semaine auparavant.

— Hiaaaaa ! cria le garçon. Damnés, gâtés, voraces, voilà ce que vous êtes ! Et des paresseux, qui plus est ! Sortez tous d'ici, sinon...

— Attention, voici Miguelinho ! Courez, il est armé ! prévint le singe, pendu à une branche.

— Aïe, aïe, aïe ! gémissaient les cochons, les corbeaux, les hérons, et tous ceux qui avaient été touchés.

— Sortez d'ici, sortez ! hurla encore plus fort le garçon, en colère.

Les animaux avaient déjà fait beaucoup de dégâts, et il était absolument certain que sa grand-mère le punirait à son retour, à coups de fouet en paille de maïs. En pensant à cette dure sanction qu'il allait recevoir, il commença à lancer une pluie de pierres, avec sa fronde et son lance-pierre, mais aussi directement de ses mains. Il était très doué pour ça.

— Attends une minute, Miguelinho ! dit l'un des singes.

— Que j'attende ? Il n'y a pas d'«attends» ici ! Va-t'en ou je te casse la tête !

— Une minute, mon garçon ! Calme-toi ! dit le singe.

Malgré sa fureur, le garçon s'arrêta et leva les yeux vers l'arbre.

— Miguelinho, te souviens-tu de la parole d'honneur que tu nous avais donnée, à nous, tes amis ? interrogea le singe.

— La parole d'honneur ? De quelle parole d'honneur parles-tu ? Je n'en ai pas ! Je suis un enfant, et les enfants n'ont pas de parole !

— Croaaaa, croaaaaa... croassa le corbeau en se posant sur la branche, juste à côté du singe.

— Ce qu'il dit est vrai ! Tu nous as donné ta parole d'honneur !

— Miguelinho, Miguelinho... Ce qu'affirment le singe et le corbeau est vrai, intervint une voix maladroite, qui venait du sol.

C'était la pintade.

— Toi aussi, maintenant ? Quand vous ai-je donné ma parole d'honneur ? Celle que je n'ai même pas ! demanda le garçon.

— Quand ta mère est tombée malade et que tu avais besoin d'une noix de coco ou deux, pour que ta grand-mère puisse lui faire des bonbons ! précisa la *pasarinha*, en se posant sur une autre branche.

— Tu t'en souviens Miguelinho ? demanda le moineau, les rejoignant.

Le garçon, un peu perdu, se grattait la tête, lorsqu'il entendit le bourdon venir de loin.

— Que se passe-t-il ici ? Pourquoi êtes-vous tous réunis ?

—Et toi, Miguelinho, pourquoi as-tu l'air si bouleversé ?

Tout le monde nota que celui qui passait son

temps à dire « Je sais tout », ne savait rien de rien, à cet instant-là.

La mouche, la fourmi et le lézard les retrouvèrent également.

— Que se passe-t-il ! Pourquoi êtes-vous rassemblés ? demandèrent-ils en chœur.

— Miguelinho a oublié la parole d'honneur qu'il nous avait donnée. Il ne devait plus jamais nous jeter de pierres, ni avec la fronde ni avec le lance-pierre, et voilà qu'il vient de recommencer ! répondirent les autres.

Le garçon était confus, il niait, se plaignait, mais ses amis, unanimes et surtout sincères, restèrent fermes et convaincus de ce qu'ils clamaient. Ils répondirent sèchement aux accusations portées par le garçon – qui se défendait du mieux qu'il pouvait –, les contestèrent, les nièrent, se plaignirent vivement.

— Bonjour, les amis ! Que faites-vous ici, tous ensemble ? demanda l'abeille qui passait par hasard. Quelqu'un répondit qu'ils étaient en réunion.

— En réunion, dans quel but ? Et vous ne m'avez pas invitée ? s'offusqua-t-elle, en colère.

— C'est simplement que Miguelinho nous avait donné sa parole d'honneur, il avait promis qu'il ne nous jetterait plus jamais de pierres, et il vient de recommencer, répondirent-ils.

— Mais comment aurais-je pu vous donner ma parole d'honneur alors que je ne l'ai pas encore acquise ? Ce sont des trucs d'adultes ! Moi, comme vous le savez, j'ai seulement onze ans, je ne suis qu'un enfant, se défendit le garçon.

Vexée de ne pas avoir été conviée à la réunion, l'abeille se leva, s'envola, puis revint en se posant sur l'épaule du garçon et dit :

— Oh, ça y est ! Je me souviens de ce qui s'est passé et de ce qui a été dit, maintenant !

— Tu t'en souviens ? demandèrent les autres animaux d'une même voix.

— Oui, je m'en souviens ! Vous avez raison, mais Miguelinho aussi ! dit-elle.

— Comment ça ? demandèrent-ils de nouveau en chœur.

— Miguelinho a effectivement donné sa parole... répondit l'abeille.

— Je l'ai donnée ? la coupa l'enfant.

— C'est très malpoli d'interrompre quelqu'un de cette manière, s'agaça l'abeille. Oui, tu l'as fait, mais tu as donné ta « parole de Miguelinho » et non d'honneur ! précisa-t-elle.

Comme aucun n'osait douter d'elle, parce qu'elle était belle, travailleuse, faisait du bon miel et portait chance à tout le monde, ses amis écarquillèrent les yeux et écoutèrent ce qu'elle avait à dire.

— Et Miguelinho n'est qu'un enfant ! Il n'a pas encore de parole d'honneur. Ce n'est qu'à dix-huit ans qu'il l'obtiendra ! poursuivit l'abeille.

— Seulement à partir de dix-huit ans ? ça alors ! s'exclamèrent-ils tous, stupéfaits.

— Et la parole de Miguelinho, que vaut-elle ? demanda monsieur singe.

— Elle a beaucoup de valeur ! Autant qu'une parole d'honneur... Ou presque. Elle doutait de ce qu'elle avançait.

— Alors, Miguelinho, tu dois tenir parole, dit le corbeau. Tu ne dois pas nous jeter de pierres, ni avec la fronde ni avec le lance-pierre.

— C'était ça, la parole de Miguelinho ! confirma le singe.

— C'est vrai, c'est vrai ! s'empressèrent de le soutenir les autres, tous en chœur.

Miguelinho les regarda, et accepta de les croire sur parole.

III

Mais comment faire ? pensa Miguelinho. Devait-il laisser les animaux raser la terre et y prendre tout ce qui avait été semé ? Que récolterait sa famille pour se nourrir ?

Et puis, ce que ses amis ne savaient pas, c'est que grand-mère Ilda avait les mains légères, et qu'elle n'éprouvait aucune pitié à le frapper avec son fouet en paille de maïs.

Même si ça ne faisait pas trop mal, rien que d'y penser...

— D'accord, mes amis ! Si j'ai donné ma parole de Miguelinho, je la tiendrai. Mais comment faire ? Si vous pillez toutes les cultures, ma famille et moi n'aurons rien à manger pendant l'année... dit-il en se grattant la tête.

— J'ai une idée ! annonça-t-il joyeusement.

— Une idée ? Quelle est ton idée ? demanda le corbeau, méfiant.

— Quelle est ton idée ? demandèrent les autres, à l'unisson.

C'était curieux, en effet.

— Vous devrez me donner votre parole d'honneur ! déclara le garçon.

— Les animaux n'ont pas de parole d'honneur ! rétorqua le corbeau.

— Et nous aussi, nous sommes petits... dit le singe.

— Si toi, Miguelinho, tu es encore trop petit à onze ans, nous le sommes encore plus que toi, intervint la pintade.

— Petits seulement en taille, alors ! Parce que

quand je suis né, vous étiez déjà là ! répondit le garçon.

— Nous ? demanda le cochon.

— Oui, monsieur cochon. Tu étais déjà dans la porcherie de grand-mère, nous allions te nourrir tous les jours, matin et après-midi. Ma mère me portait sur son dos, assura Miguelinho.

— Je m'en souviens, confirma le cochon.

Miguelinho rappela à chacun des animaux tout ce qui s'était passé depuis le jour de sa naissance, jusqu'à aujourd'hui.

— Et vous, monsieur lézard, combien de fois vous ai-je sauvé des griffes du chat ? continuat-il.

— Plusieurs fois, répondit le reptile. Tu m'as même rendu la queue qu'il m'avait cassée, mais je n'en ai plus jamais eu besoin, parce qu'une autre a grandi à sa place. Regarde comme elle est longue !

— C'est vrai, Miguelinho. Moi aussi, tu m'as sauvé plusieurs fois des griffes du chat ! avoua le moineau.

— Et toi, pintade, combien de fois t'ai-je fait peur en te criant dessus, pour que tu coures vite et échappes à mon frère aîné ? demanda le garçon.

— Oui, c'est vrai ! admit-elle. Mais ils ont toujours pris tous mes œufs, et je n'ai jamais eu de progéniture !

— Je suis désolé, madame pintade ! dit Miguelinho.

— Moi, tu m'as plusieurs fois posée sur le mur

loin des grands pieds de ta grand-mère, ou du balai de ta maman ! dit la fourmi.

Finalement, ils arrivèrent tous à la conclusion que, non seulement le garçon était un ami, mais le meilleur ami du monde ! Il avait passé sa vie à sauver la leur, et il était le plus jeune de tous, même s'il grandissait à toute allure comme si on avait mis de l'engrais à ses pieds.

— Mais alors, Miguelinho, quelle est ton idée ? s'enquit le singe.

— Si vous me donnez tous votre parole d'honneur, que vous ne saccagerez plus jamais le champ de mes parents, je demanderai à mon grand-père un terrain rien que pour nous ! dit le garçon.

— Rien que pour nous ? Que veux-tu dire, Miguelinho ? interrogea l'abeille.

— Oui, rien que pour nous ! Nous sèmerons, désherberons et arroserons, et quand viendra le temps de récolter, nous le ferons aussi nous-mêmes, répondit le garçon.

— Nous allons semer, désherber, arroser et récolter nous-mêmes !? s'étonnèrent-ils.

Miguelinho écouta chacun d'eux répéter à haute voix tout ce qu'il venait de dire.

— Mais, mon garçon, comment serait-ce possible ? On ne peut pas se servir d'une houe ni d'une faux ! Et s'il ne pleut pas, comment allons-nous arroser notre champ ? demanda le singe, doté d'intelligence, mais certainement le plus paresseux d'entre eux. Ce n'est pas une bonne idée ! conclut-il.

— L'idée de Miguelinho est vraiment bonne.

Nous lui donnerons notre parole d'honneur ! Et il demandera à son grand-père un lopin de terre, que nous sèmerons, désherberons, arroserons. Nous récolterons de beaux épis de maïs, très jaunes ou blancs, de grosses citrouilles et de gros grains de haricots, absolument délicieux, comme on les aime. N'est-ce pas, les amis ? dit le corbeau.

— Dis comme ça, ça me met même l'eau à la bouche, réagit le singe.

— Ouais, à moi aussi ! J'imagine déjà le goût de notre nourriture, le fruit de notre travail. Mais... et s'il ne pleut pas ? demanda-t-il. Cela dit, de tous ceux qui étaient présents, il était clairement celui qui pouvait le moins en faire.

— Nous arroserons le champ nous-mêmes ! dit le moineau, le pauvre voulant participer, lui aussi. S'il ne pleut pas, je porterai quelques gouttes d'eau dans mon bec ! poursuivit-il.

— Moi aussi, je ferai pareil ! dirent en même temps le corbeau et la *pasarinha*.

La pintade, démoralisée, car sa vie était toujours en danger, déclara :

— Moi, je ne pourrai pas porter la moindre goutte d'eau dans mon bec, car s'ils essaient de m'attraper, je vais devoir appeler à l'aide et crier "Au secours, aidez-moi !", et les gouttes d'eau tomberont. »

— Et si l'on demandait au *kagaru* de nous aider ? dit le bourdon. Il passe sa vie en bord de mer... Il pourrait apporter quelques gouttes d'eau dans les champs !

— De l'eau salée ? Non, avec de l'eau salée,

notre récolte mourra, répondit l'un d'entre eux.

— Alors on pourrait demander à Monsieur Pélican ! Il a un bec énorme, qui peut contenir une tonne d'eau ! proposa un autre.

Au même instant, le pélican survola justement les champs, et se dirigea vers la rivière, où les écrevisses abondaient.

— Nulle offense, gens de mauvaise langue ! Mais, ma bouche m'a été donnée par Dieu. Et ce que je garde dedans, je ne le partagerai avec personne ! Ah ! Il n'y a pas si longtemps, vous avez organisé une grande fête, tout Notre Dame de la Lumière l'a entendue, mais personne ne m'avait invité, lâcha Monsieur Pélican avec colère. Allez, allez ! dit-il encore en continuant son chemin.

— Mais, je... dit Miguelinho en souriant.

— Tu quoi, Miguelinho ? demanda le bourdon, encore en colère contre le pélican.

— Je suis un enfant, mais assez grand pour aller chercher de l'eau à la fontaine. C'est ce que je fais tous les jours, c'est une de mes tâches ! dit-il.

— Je le savais, je le savais ! Ne t'avais-je pas dit que je le savais ? dit le bourdon, que nous connaissons tous, et qui en fait, ne sait rien.

Ainsi, la parole de Miguelinho fut associée à la parole d'honneur de tous ses amis. Le grand-père leur céda un terrain où ils semèrent, désherbèrent, arrosèrent et récoltèrent. Le corbeau, le singe, la pintade et le cochon devinrent les meilleurs gardes du domaine.

Le lézard et le moineau mangèrent tous les

insectes phytophages inutiles et les larves.
Miguelinho allait tous les jours à la fontaine
pour chercher de l'eau, aidé par sa tante Txu et
l'âne de l'oncle Abel – qui n'a jamais quitté son
animal de compagnie.

— Miguelinho, mon garçon, tu sais que je ne
me sépare pas de mon âne, mais je t'aime, alors
je vais te le prêter, avait dit son oncle. Et toi,
mon doux âne, es-tu prêt à aider Miguelinho et
ses amis dans leurs tâches ? avait-il demandé.

— Hi-haaaan, hi-haaaan, avait répondu l'âne.
Cette année-là, la pluie tarda à tomber. Quand
vint le temps du désherbage, *ramonda* et
tresmonda dans les champs des adultes, dans
celui de Miguelinho et ses amis, les épis de
maïs avaient déjà perdu leurs beaux cheveux de
poupée blonds et bruns. Les haricots et les
citrouilles étaient prêts à être ramassés. Et
pour couronner le tout, la fête du maïs eut lieu
dans le champ de Miguelinho et de ses amis,
l'aurais-tu imaginé ? C'est là que la première
récolte avait été faite, et les premiers épis de
maïs mangés.
Comme ils étaient délicieux ! Puis il y eut
encore une grande fête et cette fois, c'est le
« *djunta mo*» qui fut célébré. C'est ainsi que se
termine cette histoire.

« Sapatinha riba, sapatinha baxo, ken ki sabi
más, konta midjor.»

CHAPITRE III

MIGUELINHO ET LE PETIT CHEVAL BLANC

60

I

Dans le village de Praia Baixo, à la ferme, il y avait aussi un enclos avec des chevaux, des ânes et des juments, qui étaient les animaux de compagnie du grand-père de Miguel. Miguelinho, bien qu'il ait déjà beaucoup de travail à faire pendant la journée, (aller à l'école, s'occuper des chèvres, emmener les vaches sur la colline, se rendre à la source récupérer de l'eau pour remplir la marmite), aimait vraiment aider son grand-père à prendre soin des animaux du corral.

— Bonjour, grand-père ! dit le garçon.

— Bonjour ! répondit le grand-père.

— Ta bénédiction ! demanda le garçon en posant sa main sur son front.

— Que Dieu te bénisse et fasse de toi un homme bon, mon garçon ! Mais, tu es déjà là ? As-tu terminé tes tâches ménagères à la maison ? As-tu nourri les chèvres ? As-tu mené les vaches sur la colline ? As-tu rempli la jarre d'eau fraîche ? demanda le grand-père, car il savait que son petit garçon respectait toutes les consignes données par ses parents et sa grand-mère Ilda.

— Oui, oui, grand-père ! J'ai fait tout mon travail ! Je suis venu voir si tu avais besoin de moi ! dit Miguelinho.

— Non, merci, Miguelinho. Je n'ai pas besoin de ton aide pour le moment. J'ai, moi aussi, terminé toutes mes tâches ! répondit le grand-père en observant l'enfant, qui paraissait visiblement contrarié : il avait eu l'espoir de pouvoir rester jouer avec les animaux, en particulier avec le petit cheval blanc.

— Mais tu peux rester avec moi, si tu veux. Tu me tiendras compagnie ! ajouta le grand-père.

— Oui, oui, je veux rester ! s'exclama le garçon, heureux.

— Si tu en as envie, tu peux brosser Commandant ! dit son grand-père.

Il l'avait déjà brossé plusieurs fois ce jour-là, mais il savait par expérience que les yeux du garçon ne brillaient que pour le cheval blanc, même s'il les aimait tous. Il savait aussi que le cheval aimait beaucoup Miguelinho, et que ce dernier était le seul enfant que l'animal autorisait à l'approcher.

De là où il était, le grand-père observait leur complicité. Le cheval semblait sourire et se délecter de chaque passage de la brosse sur son corps.

— Laisse-moi te coiffer, Commandant ! Je sais faire des tresses, comme celles que portent les filles. Je me suis entraîné sur la poupée de ma cousine, mais il ne faut jamais que tu le lui dises, sinon, elle me fera fouetter ! C'est notre secret, murmura le garçon au cheval, qui semblait très bien le comprendre.

Ce dernier baissa la tête vers Miguelinho, qui lui brossa la crinière et lui fit une sorte de tresse.

— Comment vas-tu mon joli... ou ma jolie ? Comment dois-je t'appeler désormais ?

Il avait un doute, maintenant que le cheval

avait les crins tressés.

Quant à l'animal, ce qui lui importait vraiment, c'était d'être pansé et soigné. Chaque aprèsmidi, Miguelinho venait au corral et s'occupait des uns et des autres. Ainsi, il finit par être l'ami de tous. De temps en temps, son grandpère le laissait sortir un cheval ou bien l'âne de l'enclos, mais il ne l'avait jamais autorisé à partir en balade avec le cheval blanc.

Il aurait été si fier de se promener avec lui ! Le Commandant était le cheval préféré de son grand-père, et quand il le montait, le garçon le regardait attentivement. Comme ces deux-là étaient grands !

II

— Miguel, occupe-toi du corral ! dit le grand-père en mettant son chapeau de paille. Il était vêtu de son plus beau costume - ou du seul qu'il avait-.

Il lui allait très bien, et il ne le portait que lorsqu'il devait rendre visite à quelqu'un, non par courtoisie, mais par tristesse.

— Je vais à Achada Baleia ! Dis à ta grand-mère que je ne tarderai pas ! As-tu entendu, mon garçon ? Ne mange pas le message ! Ah ! Si les messages pouvaient être mangés, Miguelinho serait toujours bien rassasié, le ventre plein et grassouillet. Car, au village, il était connu pour tous les avaler. On entendait dire : « J'ai pourtant donné un message à Miguelinho ! », ou « Miguelinho, ne t'ai-je pas fait passer un message pour ta mère ? », ou la même chose, mais « pour ton grand-père ? », puis « C'est ta faute, on t'a déjà dit de ne pas donner trop de fromage à ce garçon. »

Si Miguelinho oubliait ces messages, c'est parce que sa tête était pleine d'idées et de rêves de ce qu'il deviendrait ou ferait quand il serait grand. Son plus grand rêve était d'être cavalier. Le meilleur de tous, celui qui remporterait chaque course. Alors, dès que son grand-père fut parti, Miguelinho détacha Sergent. C'était un immense cheval, si beau qu'on l'aurait croqué, car il était couleur caramel.

Il libéra donc l'animal, et s'approcha très doucement d'un baril qui était là, mais qui fut très

difficile à déplacer. Il dut encore fournir un effort colossal pour monter dessus, avant de sauter sur le dos de Sergent. Il agrippa la crinière du cheval et dit d'une voix douce :
— Allez, Sergent ! On y va !
Ce dernier obéit à moitié. Il tourna sur lui-même. Comme il était dressé, il ne se pliait aux ordres d'aucun autre cavalier que le sien.
— Allez, Sergent ! répéta le garçon. Et le cheval reproduisit les mêmes mouvements.
Après tant de virages, Miguelinho commença à avoir des vertiges et finit par tomber.
Il eut beaucoup de chance dans sa chute, parce qu'il glissa doucement au sol.
— Miguelinho ! Miguelinho ! cria son grand-père quand il le vit par terre, le cheval à ses côtés.
— Grand-père ? dit le garçon en ouvrant les yeux.
— Que s'est-il passé, mon garçon ? Es-tu tombé du cheval ? demanda le grand-père.
— Non... Grand-père... je suis ivre...
— Ivre ? Que veux-tu dire par là ? Tu ne bois pas !
Le grand-père comprit alors, en examinant les traces de sabots, que l'animal avait fait plusieurs tours sur lui-même, ce qui avait donné le tournis à Miguelinho et l'avait fait tomber.
— As-tu monté Sergent ? C'est ce qu'il s'est passé ? Euh... Sergent ?
Comme les animaux du grand-père étaient tous intelligents et démonstratifs avec lui, le cheval

hocha la tête.

Quand Miguelinho recouvra ses esprits, il raconta à son grand-père ce qu'il lui était arrivé, ce qu'il avait en tête, et le rêve qu'il voulait réaliser. Son grand-père lui promit de lui apprendre à monter à cheval :

— D'accord, mon garçon. Si tu veux être cavalier, je te guiderai, mais tu dois me promettre que tu étudieras, que tu iras à l'école et continueras à honorer tes tâches. Et parce que tu es un garçon juste, honnête et bon, je t'aiderai ! dit l'homme en ouvrant les bras pour y accueillir son petit-fils, si heureux qu'il souriait de toutes ses dents.

— Miguelinho ! l'appela son grand-père.

— Oui, grand-père ? Il va falloir apprendre à monter Sergent !

Sergent ? Mais... je... celui que je veux monter, c'est Commandant ! répondit Miguelinho.

— Commandant ? Il ne se laisse pas monter, et tu le sais bien ! objecta son grand-père.

— Tout à l'heure, tu as essayé de monter Sergent. Si tu es tombé, c'est parce que tu ne savais pas comment le guider, et que tu l'as fait tourner en rond jusqu'à en avoir le tournis !

— Oui, seul Sergent est apprivoisé, ça, je le sais. Mais le cheval que je veux vraiment monter et avec lequel j'aimerais participer à des courses, c'est Commandant ! C'est mon ami ! insista Miguelinho.

— D'accord, tu le monteras. Mais écoute-moi bien. Tu commenceras par t'occuper des chevaux. Tu partiras en balade avec eux, tu les emmèneras à la mer et tu les laveras.

Progressivement, tu apprendras à les soigner et à monter à cheval. Après cela, je te préparerai pour la course de Notre-Dame de l'Étoile de la Mer.

— La grande course de l'Étoile de la Mer, grand-père ? s'enquit le garçon, fou de joie.

— Oui, Miguelinho, celle-là même. Mais tu sais que pour cette course, tu dois être bien entraîné. Commandant y affrontera plusieurs chevaux, parmi lesquels se trouvera Capitaine, le cheval de M. Carlos Veiga. C'est l'un des meilleurs, sinon le meilleur cheval de course de la région ! dit le vieil homme.

-L'un des meilleurs ? Grand-père, je pensais que c'était Commandant le meilleur ! N'est-ce pas lui qui gagne chaque année ? demanda Miguelinho.

— Oui, parce que c'est moi qui le monte ! rétorqua fièrement le grand-père. Pour gagner une course, il faut un bon cheval, mais surtout un excellent cavalier.

— Oh, je comprends. Comme je ne suis pas encore un grand cavalier, Commandant ne surpassera pas les autres chevaux, et encore moins Capitaine ! dit tristement le garçon. Mais, grand-père ! D'ici là, je serai le meilleur cavalier de Praia Baixo, et Commandant sera une nouvelle fois le vainqueur. Tu peux me croire ! ajouta-t-il en souriant, sûr de lui.

— Alors, au boulot, mon garçon ! l'encouragea son grand-père, avec détermination.

En effet, Miguelinho se mit au travail, sans

crainte ni paresse. Au chant du coq, il ne se levait plus de son lit, mais s'envolait. L'appel de la grand-mère, qui se faisait entendre chaque matin et plusieurs fois, n'était plus entendu. Le garçon prenait son petit-déjeuner, allait à l'école, à la fontaine pour remplir la marmite, puis s'occupait des chèvres, emmenait les vaches sur la colline et les ramenait quand elles ne redescendaient pas seules.

Tandis qu'en fin de journée, les autres enfants du village de tous âges, jouaient dans la rue, au volant ou à la marelle, à cache-cache ou aux courses de pneus, Miguelinho était toujours présent et volontaire pour prendre soin des animaux du corral.

À ce moment-là, il savait déjà monter à cheval et même comment guider l'animal. Même si les chevaux n'étaient pas sortis du corral, il était très heureux. Et le soir, quand il se couchait, il rêvait de monter haut sur le dos de Commandant, s'imaginant combien il serait fier.

III

Les jours et les semaines passèrent, puis le mois de juin arriva.

— Grand-père, grand-père ! appela le garçon d'un air triste. Il était très inquiet.

— Oui, mon garçon ? répondit le grand-père en remplissant sa pipe.

— Dis, quand me feras-tu monter Commandant ? La fête approche ! dit-il.

— Maintenant, Miguelinho ! Maintenant ! répondit le grand-père. Il mit la pipe à ses lèvres, inspira en inhalant, puis ouvrit la bouche et laissa échapper un nuage de fumée.

— Tu as encore quelques techniques à apprendre. Tu devras monter Sergent, c'est avec lui que tu apprendras. Et quand le moment viendra, je te donnerai l'éperon moi-même. Avec Commandant, c'est tout ce qu'il faut savoir manier.

À Praia Baixo, tout le monde se préparait pour la fête, les adultes aussi bien que les enfants. Dans la maison de Mena da Celina, la couturière du village, on entrait et sortait avec des coupes de tissu dans les mains. On n'en partait qu'après avoir été mesuré de haut en bas, du bras gauche au poignet, s'être retourné et avoir été mesuré de nouveau du bras droit au poignet. Puis, on revenait quelques jours plus tard, pour essayer les vêtements et assister à la messe en les portant. Dans la maison des vendeuses, les étagères étaient remplies de belles choses et d'aliments appétissants, que tout le monde voulait mettre sur sa table et partager avec ses invités. Les *batucadêras* et leurs danseuses répétaient tantôt dans la maison de l'une, tantôt dans celle de l'autre et c'était beau à voir et agréable à écouter. Dans les champs, les agriculteurs arrachaient du manioc, des pommes de terre, des choux, des oignons, etc. Ici et là, on entendait les échos des préparatifs.

La veille de la fête était arrivée. Grand-mère Ilda, grand-mère Santa, grand-mère Joaninha et grand-mère Tida avaient balayé et décoré les rues aux environs de l'église. Elles étaient magnifiques, prêtes pour la cérémonie du lendemain matin. Plus la journée avançait, plus les familles d'autres villages arrivaient, avec des ballots sur la tête ou de lourds sacs dans les bras. Depuis l'école, on entendait le son des enceintes chez Dunda, Bom Barril, Joice et au-delà. C'étaient les DJ qui s'apprêtaient à diffuser de la musique jusqu'au lever du soleil. Oui, jusqu'au lever du soleil qui, au petit matin envahit l'arrière-cour de grand-mère Ilda. Elle avait déjà fini de préparer le petit-déjeuner et attendait, n'osant pas appeler comme elle le faisait d'habitude, car les invités dormaient encore.

— Miguelinho... Miguelinho... Réveille-toi mon amour, réveille-toi ! dit sa mère Ninha, de cette voix douce et mélodieuse que le Seigneur lui avait donnée. Réveille-toi, mon garçon ! appela-t-elle encore en caressant le visage de l'enfant.

Il ouvrit les yeux... Enfin, pas tout à fait... Il ouvrit un œil, sourit, et le referma. Et il se rendormit tout aussi vite.

— Miguelinho... Grand-père a dit que Commandant t'attendait, dit sa mère, voyant qu'il avait des difficultés à se réveiller.

— Commandant ? cria le garçon en sautant immédiatement du lit.

Il serait tombé par terre si Maman Ninha ne l'avait pas pris dans ses bras affectueusement.

— Calme-toi, mon chéri. Tu n'as pas besoin de courir, il est encore tôt. Va te laver, et prends ton petit-déjeuner. Vas-y ! dit-elle.

Dehors, au-delà de l'arrière-cour de grand-mère Ilda, ce qu'on pouvait entendre plaisait à Miguelinho.

Les garçons et les filles racontaient comment ils avaient passé la nuit, à quel point ils savouraient chaque instant, dans un endroit ou un autre, dans une maison ou une autre, où ils allaient et venaient librement. Partout, ils étaient des invités d'honneur. Il n'y avait pas de sélection, pas de préférences. Tout le monde était bienvenu.

Dans l'air, l'odeur du café et celle de la viande braisée dansaient et pénétraient dans les narines ouvertes. Bien qu'il soit encore tôt, chez eux ou dans les maisons voisines, tout le monde se faisait beau pour ce jour particulier. Les garçons de la catéchèse portaient les costumes de l'église par-dessus les tenues élégantes confectionnées par Mena. Ils devaient se rendre à l'église de très bonne heure, car le Père Alexandre les attendait. Miguelinho était prêt lui aussi, et il serait allé à l'église avec eux si son grand-père n'avait pas demandé au prêtre de l'excuser pour cette fois. Il allait participer à la course. Tous les habitants de la paroisse de Notre-Dame de Lumière savaient que cette journée serait inoubliable, l'une des plus belles de l'année.

Après la messe, la procession alla jusqu'au port, où Dona Celina reçut la Sainte, placée sur un bateau sur lequel elle avait fait le voyage annuel à Bahia, devant l'église de Notre-Dame de Lumière. Au retour elle regagna sa place dans l'église de Notre-Dame de l'Étoile de Mer.

Je ne peux pas dire que c'est à ce moment-là que la fête commença, car elle avait déjà débuté la veille, et se poursuivrait jusqu'au lendemain. C'étaient trois jours de fête. Cependant, je peux dire que c'est à partir de là que la célébration est devenue un casse-tête. On prenait le déjeuner de maison en maison, et on le partageait avec tous ceux qui y vivaient ou qui y étaient venus pour l'occasion. Qu'il le veuille ou non, personne ne partait avant d'avoir mangé à chaque table.

IV

Après le déjeuner, chacun des protagonistes des différents événements de la journée prit place.

Les premiers à entrer en scène furent les enfants de la catéchèse, avec des jeux comme la course en sac, le tir à la corde, la course de pneus, etc. Croyez-moi, les garçons savaient manier les pneus mieux que personne avec leurs bâtons. Après toutes ces activités, les gagnants reçurent leurs prix, et ce fut l'heure de la course de chevaux tant attendue.

C'est alors que Miguelinho reçut l'ordre d'aller chercher sa monture. Au premier contact avec le cheval, le grand-père dit :

— Aujourd'hui, vous ne ferez plus qu'un ! As-tu entendu, Miguelinho ? As-tu entendu, Commandant ?

J'ignore si le cheval avait compris, mais il secoua la tête et montra les dents, comme pour dire « oui ».

— Et toi, Miguelinho ? demanda le grand-père.

Il était certain que Miguelinho avait entendu, n'est-ce pas ? Comme Commandant, il hocha la tête et sourit, mais son sourire révélait un malaise évident. Il se prosterna devant son grand-père, prêt à être soulevé, et placé sur le dos du cheval.

— Prends l'éperon ! dit le grand-père d'une voix grave. Tout en discutant avec Miguelinho et son cheval, le grand-père les accompagna de la ferme jusqu'à la maison de Dunda, d'où ils purent voir les autres chevaux et leurs cava-liers, déjà positionnés sur la piste de départ, qui se trouvait devant la chapelle de Notre-Dame de l'Étoile de Mer, et là où serait aussi le point d'arrivée.

De nombreuses personnes s'étaient installées le long de la route, de la place de l'église à la fontaine de Kerlem, qui était la première étape et en même temps le tournant pour le retour vers la ligne d'arrivée.

Miguelinho fut envahi d'une timidité qu'il n'avait jamais ressentie auparavant. Regardant devant lui, il aperçut Capitaine, un cheval qu'il avait déjà croisé à plusieurs reprises auparavant, mais pas en tant qu'adversaire. Il le considérait maintenant comme un ennemi. Capitaine était célèbre, aussi coriace qu'un cheval de guerre. Sa façon de se tenir debout donnait l'impression qu'il boxait.

— Grand-père... dit Miguelinho, effrayé et impressionné.

— N'aie pas peur ! dit le grand-père d'une voix franche et rassurante. Il a le comportement d'un fanfaron, de ceux qui n'ont que les mots, et rien dans le cerveau.

Alors qu'ils passaient devant le groupe de *batu-cadeiras* de Praia Baixo, qui était assis sous les buissons d'épines et chantait près des maisons de Feliciano da Dona, Laurinda do Beto, Zufina, Chico et Mana do Tomás, Commandant s'arrêta.

— Grand-père... dit le garçon du haut du dos de l'animal.

— Ne t'inquiète pas, regarde ! répondit le grand-père.

— Commandant, danse mon cheval blanc, danse ! demanda-t-il.

Pendant ce temps, le magnifique cheval noir, aussi noir que l'obscurité d'une nuit sans lune, continuait à jouer le fanfaron. Il brillait sous les rayons du soleil qui illuminaient ce jour de fête. Oui, Capitaine faisait son show, un peu plus loin. Il se tenait debout et tournait sur lui-même, agitant ses pattes avant comme s'il boxait et hennissant comme s'il voulait impressionner ou intimider ses concurrents, eux aussi très agités.

Pendant ce temps, Commandant se trémoussait au son du *Batuku*, accompagné par les danseurs et de belles filles ondoyant autour de lui, jusqu'au point de départ de la course.

En les positionnant à l'endroit qui leur était réservé, le grand-père sourit à Miguelinho et appuya sa tête contre celle du cheval, lui transmettant de bonnes ondes.

— Cours, Commandant ! Cours ! dit le grand-père à voix haute.

Puis, on entendit :

— Tout le monde est prêt pour le départ ? Un... deux... trois !

Le bruit d'un tir, qui provenait d'un pistolet factice, retentit. Capitaine, monté par Nelson de Kerlem, ne pouvait pas être le pire rival pour Miguelinho.

Nelson était un garçon intelligent, curieux, malin et très dégourdi. Il avait beaucoup dans la tête et d'imbécile il n'en avait rien. Tout le monde dans le village pensait, souhaitait et espérait qu'un jour, il deviendrait un grand homme. Il savait encore mieux monter à cheval que Miguelinho, car il en avait déjà l'habitude. Il avait appris il y a longtemps.

Lui aussi avait l'honneur de pouvoir participer à la course la plus importante de l'année, sur le dos du cheval le plus redouté de la région – je ne dis pas que c'était le meilleur.

En effet, Nelson et Capitaine décollèrent en premier et prirent la tête de la course jusqu'à la maison de Dona Adélia, où Commandant et quelques autres le rattrapèrent petit à petit. Miguelinho et son cheval se rapprochèrent de Capitaine, et les cavaliers chevauchèrent côte à côte jusqu'à la maison de la famille Dos Anjos.

Tout était nouveau et allait trop vite pour Miguelinho : le bruit assourdissant des sabots sur la chaussée, et celui des centaines de personnes présentes pour les soutenir.

Capitaine commença à reprendre l'avantage, mais Commandant était à moins de deux mètres de lui.

C'est avec cette même distance entre eux qu'ils atteignirent la première étape du circuit, celle de la fontaine de Kerlem. Ils gardèrent cet écart encore un moment. Capitaine semblait voler plutôt que de galoper.

V

Tous les chevaux donnèrent leur maximum. C'est ce que leurs cavaliers attendaient d'eux, et même davantage. Ils n'hésitèrent pas à utiliser les éperons. Plusieurs fois, Miguelinho pensa à le faire, mais il se souvint que son grand-père lui avait dit :

— Miguelinho, mon garçon, ne te sers pas trop de l'éperon, Commandant n'aime pas ça et devient nerveux. Mais fais-en usage quand tu en as le plus besoin !

— Comment saurai-je quand le moment sera venu ? avait demandé le garçon.

— Tu peux t'en servir lorsqu'il ralentit, quand tu sens qu'il veut abandonner, qu'il n'a plus envie de courir et d'atteindre l'objectif final ! lui avait expliqué son grand-père.

Miguelinho avait gardé ce conseil dans un coin de sa mémoire. Comme je l'ai dit, Capitaine ne semblait pas galoper, mais voler. Il prit une sacrée avance, laissant les autres loin derrière lui. Mais Commandant et quelques concurrents le rattrapèrent, près de chez Amândio. Seuls quelques-uns réussirent à le suivre. Peu de temps après, il n'en restait que trois, et Commandant était l'un d'eux. Les cris du public, les battements de tambour, les couvercles de pots ou de bidons, les sifflets, l'appel des noms de chaque cavalier et de leurs chevaux troublaient Miguelinho et les autres coureurs, ainsi que les animaux.

Lorsqu'ils arrivèrent au niveau de la maison de

Dunda, voyant que Capitaine ne pouvait ou ne voulait pas aller plus loin, Miguelinho agrippa la crinière du cheval et décida de lui donner une impulsion, pensant à son grand-père, ainsi qu'à la joie que sa grand-mère Ilda et ses parents éprouveraient. Commandant n'apprécia pas et gronda en langage équin, mais prit une avance de quelques mètres. Voyant Capitaine seul devant lui, Miguelinho entendit les rires et les voix des habitants de Praia Baixo, criant le nom de Capitaine, mais également le sien et celui de Commandant.

— Allez, Miguelinho ! Vive Commandant ! entendit-il. Ces mots s'ancrèrent dans son esprit, et cela lui plut. Alors, le moral au beau fixe, Miguelinho s'adressa à son cheval :

— Allez Commandant, cours ! Grand-père nous attend, mon cheval blanc... Cours ! Le cheval courait et courait, mais ce n'était pas suffisant, et Capitaine était déjà tout près du but.

— Oust, Commandant ! Cours, mon cheval ! supplia le garçon. Puis, dans un dernier élan d'espoir, il lui donna un second coup d'éperon. Le cheval hennit et redoubla de vitesse. Le garçon ne savait plus s'il chevauchait ou volait.

Et il volait, je peux vous le dire. Oui, Commandant volait. Il dépassa Capitaine devant la maison de Neida, puis passa devant celle de Vaz, celle de Mena, et en quelques secondes, il le devança de plusieurs mètres, assez pour remporter la course. Un par un, ils franchirent la ligne d'arrivée. Les deux premiers furent félicités, et la foule les rejoignit. Miguelinho fut pris de bras en bras, et Commandant récupéré par son père et son grand-père. Inutile de préciser qu'ils étaient heureux et remplis de fierté.

Le grand-père savait qu'il avait transmis son art de l'équitation au garçon, et qu'un autre champion était né dans sa maison. Quand les trophées furent remis et que Miguelinho reçut une bouteille d'Orangina et Commandant une de bière noire (la même que son grand-père avait partagée avec lui chaque année dans le corral), le cheval et son cavalier sourirent de toutes leurs dents.

Enfin, Miguelinho... parce que le cheval, je peux seulement dire qu'il était content de la bière.

Une célébration de plus à Notre-Dame de l'Étoile de la Mer, à Praia Baixo. En quelle année était-ce ? Je ne saurais vous le dire, car moi qui vous ai raconté cette histoire, j'étais encore une petite fille à ce moment-là.

« Sapatinha riba, sapatinha baxo, ken ki sabi más, konta midjor. »

Glossaire

kankaran - sorte de sommier, fait de caris (espèce de bambou)

kuskus : plat typique du Cap-Vert, fait à base de farine de maïs, manioc ou blé, servi avec du lait ou beurre également. La cuisson est faite à vapeur, dans le « bindi », (pot en terre cuite).

tirna : résidu qui s'accumule sur les ustensiles de cuisine : notamment après la cuisine au feu de bois

simbron : la jujube

azedinha : la girembelle

djunta-mo : philosophie du peuple capverdien. Expression utilisée dans la pratique traditionnelle du travail entre familles, amis, voisins : « tu m'aides aujourd'hui et je t'aide demain ».

pasarinha : Martin-pêcheur à tête grise

bidjogó : mangue de la famille « Julie mango »

manginhu : mangue de la famille « wild mango »

kagaru : puffin du Cap-Vert

Funaná : Musique et danse typique et traditionnelle du Cap-Vert

Batucadeiras - femmes qui constituent, l'orchestre du **Batuku**

Batuku : Chant, percussion, danse, typiques et traditionnels du Cap-Vert

tornu : danse typique du Batuku

ramonda : deuxième débroussaillement des champs

tresmonda : troisième débroussaillement des champs

« **Sapatinha riba, sapatinha baxo, ken ki sabi más, konta midjor**. » : Expression typique, pour terminer un conte au Cap-Vert

Mille mercis à tous mes proches.
Un gros câlin aux habitants de Praia Baixo.
Praia Baixo, dans mon cœur.

Mes remerciements également

Mme Maria Teresa LOPES VARELA MARTINS
Mme Eulalia LOPES VARELA M.
Mme Ghyslaine ELBE
Mr le professeur Leon DE PINA
Mr le Dr Antonio GONÇALVES
Mr Isaac FREIRE
Mr Marc ELGUI de La poste Wilson Maestro

Dépôt légal : Mars 2022

Printed in Great Britain
by Amazon